Text: Carola von Kessel
Gestaltung: Studio Estinghausen
Konzeption: Stefanie Kern, Kids & Concepts GmbH
Mitarbeit: Cora Friedrich, Kids & Concepts GmbH
www.friendz-verlag.de

Gedruckt in Deutschland

NACH DERIB + JOB

YAKARI

NEUE ABENTEUER MIT DEM KLEINEN SIOUX

INHALT

DER SONNENBAUM

Es ist schon spät am Abend, doch viele Bewohner des Indianerdorfes sind noch wach. Gespannt warten sie auf das Ende einer wichtigen Zeremonie. Der Schamane Der-der-alles-weiß versucht, Tatanka zu beschwören, den Geist der Bisons.
Mit diesem Ritual erweist der Schamane den Tieren jedes Jahr zu Beginn der Jagdzeit seinen Respekt. Doch das ist noch nicht alles: Der Geist der Bisons führt den Schamanen auch zu den großen Bisonherden. So erfahren die Männer des Stammes, wo sich die Jagd lohnt.

Doch heute klappt es einfach nicht. Obwohl Der-der-alles-weiß die richtigen Worte spricht, zeigt sich der Geist der Bisons nicht. Die Stammesmitglieder machen sich große Sorgen. Ihre Vorräte sind fast aufgebraucht und sie können nur mit dem Fleisch der Bisons überleben. Hat der Schamane etwa seine besondere Gabe verloren, sie zu den Herden zu führen? Der Indianerjunge Yakari beobachtet, wie Der-der-alles-weiß mitten in der Nacht davonreitet. Schnell läuft Yakari zu seinem Pony. Auch er besitzt eine außergewöhnliche Fähigkeit: Er kann mit allen Tieren sprechen. „Komm, Kleiner Donner!", sagt Yakari. „Wir müssen herausfinden, was Der-der-alles-weiß vorhat."

Der Schamane reitet auf seinem Pferd Grauer Stern tief in den Wald hinein. Yakari und Kleiner Donner folgen den beiden viele Stunden lang. Als der Tag anbricht, springt Der-der-alles-weiß vom Pferd.

Auf einer Lichtung ruft der Schamane laut nach Tatanka: „Heiliger Geist der Bisons! Bitte verlass mich nicht und antworte!" Doch nichts geschieht. „Warum habe ich meine Gabe verloren?", fragt Der-der-alles-weiß. „Womit habe ich dich erzürnt?" Aber er bekommt keine Antwort.

Als Der-der-alles-weiß zu seinem Pferd zurückkehrt, entdeckt er Yakari und Kleiner Donner. „Was macht ihr denn hier?“, erkundigt er sich erstaunt.
„Wir sind dir gefolgt“, erklärt Yakari. „Ich möchte dir so gerne helfen!“
„Danke, Yakari!“, sagt Der-der-alles-weiß. „Lass uns gemeinsam weiterreiten! Unterwegs erzähle ich dir, wie ich vor vielen Jahren zu meinen besonderen Kräften gekommen bin.“
Gespannt blickt Yakari ihn an.
„Ich war ungefähr so alt wie du, als ich mich eines Tages in den Bergen verirrt habe“, berichtet der Schamane. „Auf einmal habe ich einen ganz besonderen Baum entdeckt. Seine Blätter glänzten wie die Sonne und als ich vor ihm stand, schenkte er mir eines davon.“ Bei der Erinnerung lächelt Der-der-alles-weiß.
„An jenem Tag hat der Sonnenbaum mir meine Kräfte verliehen.“
Yakari hat genau zugehört. „Und wo stand dieser Baum?“, möchte er wissen.
Der-der-alles-weiß seufzt. „Das weiß ich leider nicht mehr so genau. Es ist ja schon sehr lange her. Auf jeden Fall war es irgendwo in den Bergen.“ Er deutet auf das Gebirge, das vor ihnen in die Höhe ragt.
„Wir müssen den Baum finden“, sagt Yakari entschlossen. „Vielleicht kann er deine Kräfte wieder neu beleben.“

„Ich hoffe es sehr“, meint der Schamane. „Denn wenn der Geist der Bisons mich nicht mehr zu den großen Herden führt, wird unser Stamm bald hungern müssen.“
Kleiner Donner und Grauer Stern tragen ihre Reiter immer höher in die Berge hinauf. Plötzlich ziehen dunkle Gewitterwolken heran. Lautes Donnergrollen lässt die Felsen erzittern und grelle Blitze zucken am Himmel auf.

„Schnell, wir müssen Schutz suchen!“, ruft Der-der-alles-weiß. In diesem Augenblick schlägt ganz in ihrer Nähe ein Blitz in einen Baum ein. Die Pferde und ihre Reiter fahren erschrocken zusammen. Kleiner Donner kommt rasch wieder zur Ruhe, doch Grauer Stern bäumt sich hoch auf. Oje! Der-der-alles-weiß kann sich nicht mehr auf seinem Rücken halten und stürzt zu Boden.
Voller Angst stürmt sein Mustang davon.

Kleiner Donner ruft: „Steig schnell ab, Yakari! Ich hole Grauer Stern zurück. Kümmere du dich solange um den Schamanen!“
Eilig springt Yakari vom Rücken seines Ponys. Während Kleiner Donner hinter dem Pferd des Schamanen herjagt, hilft der Indianerjunge dem Gestürzten beim Aufstehen.

„Bist du verletzt?“, fragt Yakari besorgt.
Der-der-alles-weiß stöhnt. „Ich kann kaum laufen“, sagt er. „Mein Knöchel tut sehr weh.“
Yakari stützt den Schamanen, bis sie eine schützende Höhle erreichen.
„Hier können wir die Nacht verbringen“, stellt Yakari fest.
Während sich der Schamane ausruht, hält der Indianerjunge nach den Pferden Ausschau. Das Gewitter ist rasch weitergezogen, doch es regnet immer noch.

Ein Glück, da tauchen Kleiner Donner und Grauer Stern auf!
„Sehr gut, Kleiner Donner!“, ruft Yakari erleichtert. „Du hast Grauer Stern zurückgebracht!“

Ganz hinten in der Höhle findet der kleine Sioux trockenes Holz. Bald hat er damit ein wärmendes Feuer angezündet.
„Danke, Yakari“, sagt Der-der-alles-weiß.
Nach Einbruch der Dunkelheit sitzen der Schamane und der Indianerjunge noch lange am Feuer.

„Hoffentlich finden wir morgen den Sonnenbaum!“, meint Yakari. Der-der-alles-weiß zieht ein golden schimmerndes Blatt aus seiner Tasche.

„Dieses Blatt hat der Baum mir damals geschenkt“, sagt er. „Sieh nur, wie es glänzt!“
Andächtig betrachtet Yakari das Blatt. Im flackernden Licht der Flammen sieht es aus, als wäre es aus purem Gold.
„Seither ist es die Quelle meiner Kraft gewesen“, berichtet der Schamane. „Und früher strahlte es sogar noch viel heller!“
Kaum hat er diese Worte ausgesprochen, da wird das Blatt plötzlich dunkler und dunkler. In Sekundenschnelle vertrocknet es und zerfällt zu Staub.
„Oh nein!“, stöhnt Der-der-alles-weiß. „Hoffentlich ist das kein böses Zeichen!“
„Bestimmt finden wir morgen den Sonnenbaum und können ein neues Blatt pflücken“, versucht Yakari, ihn aufzumuntern. Doch insgeheim macht auch er sich Sorgen.

In dieser Nacht kommt Yakari lange nicht zur Ruhe. Tausend Gedanken wirbeln durch seinen Kopf. Endlich fällt der Indianerjunge in einen unruhigen Schlaf. Da erscheint ihm im Traum sein Totemtier Großer Adler.
Ein goldener Schimmer umhüllt den mächtigen Vogel, als er zu Yakari spricht.
„Auch wenn der Himmel noch so dunkel wirkt, verschwindet die Sonne niemals“, erklärt Großer Adler. „Sie verbirgt sich nur hinter den Wolken, Yakari!“
„Was willst du damit sagen?“, ruft der Indianerjunge.

Statt einer Antwort deutet Großer Adler mit seinen gewaltigen Schwingen zum Himmel hinauf. Atemlos beobachtet Yakari, wie die Wolkendecke aufreißt. Über den Wolken scheint die Sonne und plötzlich wirbelt ein goldenes Blatt durch die Luft. Es sieht genau so aus wie das Blatt des Schamanen! Yakari versucht, das Blatt zu fangen, doch er greift ins Leere ...

„Yakari, was ist denn los?“ Besorgt beugt sich Der-der-alles-weiß über den kleinen Sioux. „Hattest du einen Albtraum?“

Yakari schreckt hoch. Er braucht einen Augenblick, um zu begreifen, dass er geträumt hat. „Im Gegenteil“, sagt er und richtet sich auf. „Mein Totemtier ist mir im Traum erschienen!“

Eifrig berichtet er, was er im Traum erlebt hat. Der-der-alles-weiß hört aufmerksam zu. „Jetzt erinnere ich mich wieder“, ruft er. „Als ich den Sonnenbaum damals gefunden habe, bin ich zuvor durch die Wolken geritten.“

Yakari meint: „Vielleicht ist es das, was Großer Adler mir mitteilen wollte – dass der Sonnenbaum hoch oben in den Bergen steht, weit über den Wolken.“

„Du hast recht“, pflichtet Der-der-alles-weiß ihm bei. Er blickt zur Höhlenöffnung. „Es wird gerade hell. Also lass uns gleich hinaufreiten!“ Doch als er aufstehen möchte, schießt wieder der Schmerz in seinen Knöchel. Der Schamane stöhnt. „Ich glaube, ich muss mich noch etwas schonen.“

Yakari schwingt sich auf Kleiner Donner. „Wir finden den Sonnenbaum für dich“, sagt er. „Sobald wir wissen, wo er wächst, holen wir dich nach!“

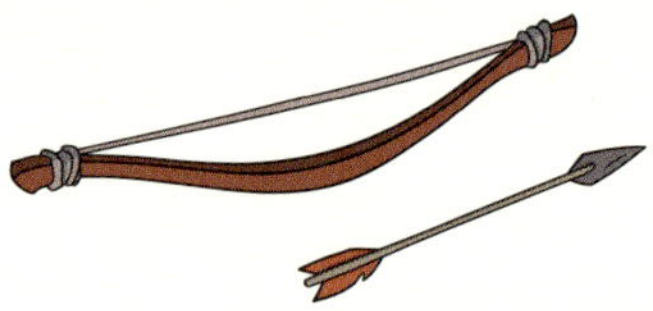

Noch ehe der Schamane sie aufhalten kann, ziehen Yakari und sein Pony los.
Der Ritt ins Hochgebirge ist anstrengend. Kleiner Donner klettert steile Felswände hinauf und stapft durch reißende Bäche.

Nach einiger Zeit erreichen sie eine schroffe Felslandschaft, in der kaum noch Bäume wachsen. Weiße Dunstfetzen hängen in der Luft und allmählich wird der Nebel immer dichter. Vorsichtig setzt Kleiner Donner einen Huf vor den anderen.
„Wir befinden uns mitten in den Wolken“, stellt Yakari fest.
Endlich haben sie es geschafft: Die Wolkendecke liegt unter ihnen!
„Wie schön es hier ist!“, staunt Yakari. Doch jetzt bleibt keine Zeit, den Anblick zu genießen. Sie müssen schnell weiter und den Sonnenbaum finden!

Auf einmal taucht Großer Adler am Himmel auf. Er kreist über Yakari und Kleiner Donner.
„Ich glaube, er will uns etwas zeigen“, ruft Yakari aufgeregt.
„Sieh nur, sein Schatten weist uns den Weg!“

Der Schatten des Adlers ist auf einen kleinen, unscheinbaren Baum gerichtet.
Er trägt kein einziges Blatt, doch Yakari zweifelt nicht daran, dass es der Sonnenbaum ist.
„Danke, Großer Adler!“, ruft er seinem Totemtier zu.
Yakari und Kleiner Donner wollen schnell Der-der-alles-weiß holen. Auf halbem Wege kommt er ihnen aber schon entgegen. „Ich konnte einfach nicht mehr warten, Yakari. Und deine Fährte hat mich sicher geleitet“, berichtet der Schamane.
Als sie schließlich an den Baum gelangen, atmet Der-der-alles-weiß erleichtert auf.
„Ja, das ist der Sonnenbaum“, bestätigt er. „Aber er scheint in einem schlechten Zustand zu sein.“
Mit einem Stock zeichnet der Schamane eine kreisförmige Linie in den Boden.
„Bitte ziehe auch du einen Kreis in den Sand“, sagt er zu Yakari. „Unsere Kreise stehen für das Leben, in dem alles immer wieder von Neuem beginnt.“
Nachdem beide in ihren Kreisen Platz genommen haben, zündet Der-der-alles-weiß ein Feuer an und streut funkelnden Edelsteinstaub hinein. Plötzlich ist die Luft von magischem Glitzern erfüllt. Ein geheimnisvoller Wind erfasst die Funken, die vom Feuer aufsteigen, und trägt sie zu dem Baum hinüber.

Staunend beobachtet Yakari, wie an dem Baum im Handumdrehen Dutzende von goldenen Blättern wachsen. „Pflücke nun eines der Blätter!“, bittet Der-der-alles-weiß den kleinen Sioux. „Dies muss ein junger Mensch tun. Und du bist jung, Yakari, so, wie ich es einst war.“ Vorsichtig zupft Yakari eines der Blätter ab und reicht es dem Schamanen.

Als dieser nun erneut den Geist der Bisons beschwört, gelingt die Zeremonie und am Himmel erscheint eine Wolke in der Form eines Bisonkopfes. „Danke, Tatanka, dass du mich erhörst!“, ruft der Schamane. „Für jeden Bison, den du uns auf der Jagd schenkst, wird mein Stamm dir danken und dich ehren!“
Yakari hält die Luft an, während die Wolke über die Wälder hinwegzieht. Der-der-alles-weiß lächelt. „Meine Gabe ist wieder zurückgekehrt“, erklärt er. „Nun weiß ich, wo wir die Bisonherden finden. Vielen Dank für deine Hilfe, Yakari!“ „Und ich danke Kleiner Donner“, sagt der Indianerjunge. „Denn ohne ihn hätte ich niemals den Weg durch die Wolken gefunden.“ Froh und zufrieden kehren sie zu ihrem Stamm zurück.

DIE SPRECHENDEN STEINE

Was ist nur mit Yakaris Freund Kleiner Dachs los? Schon früh am Morgen läuft er rastlos durchs Indianerdorf.

„Guten Morgen!“, ruft Yakari. „Hast du Lust auf einen Ausritt?“

Kleiner Dachs winkt ab. „Ich bin viel zu müde“, sagt er und gähnt. „In den letzten Nächten habe ich kaum geschlafen, weil mich immer wieder der gleiche Traum geweckt hat.“

„Erzähl schon!“, bittet Yakari und setzt sich neben seinen Freund auf den Weidezaun.

Kleiner Dachs berichtet: „Im Traum erscheint mir andauernd mein Opa. Er sagt, dass er an einem besonderen Ort etwas sehr Wertvolles für mich hinterlassen hat. Aber ich habe keine Ahnung, wovon er spricht und wo ich danach suchen soll.“

Er seufzt schwer und sieht sehr niedergeschlagen aus.

„Ist das wirklich alles, was dein Opa gesagt hat?“, fragt Yakari. „Überleg doch noch mal ganz genau!“

Kleiner Dachs legt die Stirn in Falten. „Er hat noch davon gesprochen, dass mir das Büffelhorn und die sprechenden Steine helfen werden, den verborgenen Gegenstand zu finden. Ach ja!“, fällt dem Indianerjungen noch ein. „Und dass ich ein großer, weiser Jäger werde, wenn ich das wertvolle Teil gefunden habe.“ Er reibt sich die Augen. „Dann könnte ich vielleicht auch wieder ruhig schlafen“, meint er. Yakari hat eine Idee. „Lass uns zu Stiller Fels gehen!“, schlägt er vor. „Bestimmt kann er uns helfen.“

Der Stammesälteste Stiller Fels hört aufmerksam zu, als Kleiner Dachs von seinen Träumen berichtet. „Wie du weißt, nehmen wir Sioux jeden Traum ernst“, sagt er. „Mit dem Büffelhorn meint dein Großvater sicher den Felsvorsprung an der großen Steinwand, vor der sich die Bisons jedes Jahr versammeln. Dieser Felsen wird von alters her als Büffelhorn bezeichnet.“

„Ich kenne diesen Ort!", ruft Yakari. „Komm mit, Kleiner Dachs, lass uns am besten gleich hinreiten!"
Die Indianerjungen bedanken sich bei Stiller Fels. Dann schwingen sie sich auf ihre Ponys und los geht es in Richtung der Felswand.

„Ich bin so gespannt, was dein Großvater dir hinterlassen hat", sagt Yakari zu Kleiner Dachs.

Es dauert nicht lange, bis sie eine ausgedehnte Hochebene erreichen. Vor ihnen grast eine Bisonherde. Die Tiere sehen friedlich aus, doch sie sind riesengroß und haben gewaltige Hörner.
„Wo ist denn nun dieses Büffelhorn?" Kleiner Dachs betrachtet die Felswand, die hinter der Bisonherde in die Höhe ragt. „Müssen wir etwa all die Steine absuchen?"
„Nein, keine Sorge!" Yakari deutet auf einen Felsen, der die Form eines Horns hat. „Dieser Felsen ist das Büffelhorn."
Kleiner Dachs lässt seinen Blick über die Ebene schweifen. „Um dorthin zu kommen, müssen wir mitten durch die Bisonherde reiten", stellt er fest.
Kleiner Donner stupst Yakari mit der Nase an. „Passt bloß auf, dass die Bisons euch nicht für Jäger halten", raunt er ihm zu.
Doch zu spät: Schon jagt Kleiner Dachs mit seinem Mustang los. „Wer zuerst am Büffelhorn ist!", ruft er über die Schulter.
„Lass das lieber, Kleiner Dachs!", warnt ihn Yakari. „Oder willst du etwa die Bisons erschrecken?"

Oje, Kleiner Dachs hört nicht auf ihn! Er steuert sein Pony geradewegs auf die Herde zu. Als die Bisons ihn bemerken, drängen sie sich dicht aneinander und versperren ihm den Weg.

Da bekommt sein Pony Angst. Schon bäumt es sich auf und Kleiner Dachs fällt herunter.

Yakari ist seinem Freund langsam gefolgt. Zum Glück ist Kleiner Dachs nicht verletzt und rappelt sich gleich wieder auf.
„Wir kommen in Frieden“, sagt Yakari zu den Bisons. „Dürfen wir euer Gebiet durchqueren?“
„Du sprichst unsere Sprache und du bittest uns um Erlaubnis?“, wundert sich der Anführer der Bisons. „Wenn das so ist, lassen wir euch gerne durch.“

Kleiner Dachs traut seinen Augen kaum, als die Bisons plötzlich freiwillig zurückweichen. Sie bilden eine Gasse, sodass die Freunde mitten durch die Herde reiten können.
„Ich glaube, ich muss lernen, die Dinge etwas ruhiger anzugehen“, seufzt Kleiner Dachs.

Bald stehen die Freunde vor dem Büffelhorn. Während die Ponys ohne ihre Reiter um die Felswand herumlaufen, klettern Kleiner Dachs und Yakari an den Steinen hoch. Plötzlich huscht dicht vor Yakari ein Streifenhörnchen aus einer Felsnische. Vor Schreck verliert der Indianerjunge beinahe den Halt. In letzter Sekunde kann er sich an einem steinernen Vorsprung festklammern.

„Puh, hast du mir einen Riesenschreck eingejagt!“, stöhnt Yakari.

„Nanu?“ Das Streifenhörnchen kommt neugierig näher. „Du sprichst ja meine Sprache. Was suchst du denn hier, kleiner Mensch?“

„Tja, das weiß ich selbst nicht so genau“, gesteht Yakari. „Aber sag mal, Streifenhörnchen – ist dir an dieser Felswand irgendetwas Seltsames aufgefallen?“

Das Streifenhörnchen muss nicht lange nachdenken. „Klar, ich kann es dir zeigen!“, antwortet es und huscht davon.

So schnell er kann, klettert Yakari hinterher.

„Hier, bitte!“, ruft das Streifenhörnchen und deutet in eine Felsnische.

Als Yakari hineinblickt, entdeckt er zwischen den Steinen ein kleines Säckchen. Vorsichtig zieht er es heraus. Ob es wohl wirklich vom Großvater seines Freundes stammt?

Bald treffen sich die Jungen und ihre Ponys oberhalb des Büffelhorns wieder. Kleiner Dachs staunt nicht schlecht, als Yakari ihm das Säckchen zeigt.

Darin stecken mehrere Steine mit eingeritzten Bildern.
„Das sind sicher die sprechenden Steine, von denen mein Opa erzählt hat“, überlegt Kleiner Dachs. Ratlos betrachtet er den Fund.
„Vielleicht weiß Stiller Fels mehr darüber“, meint Yakari.

Zurück im Dorf zeigen sie dem Stammesältesten die Steine. Flink fügt Stiller Fels sie aneinander, sodass sie ein Bild ergeben. „Die Steine enthalten eine Botschaft deines Großvaters“, stellt er fest. „Er hat dir etwas von unschätzbarem Wert hinterlassen und es sicher versteckt.“
„Aber ich verstehe immer noch nicht, wo dieses Versteck liegt“, seufzt Kleiner Dachs. „Hier fehlt ja auch ein Stein.“
Yakari deutet auf den steinernen Anhänger, den Kleiner Dachs um den Hals trägt. „Ich glaube, das ist der fehlende Stein!“
„Der Anhänger?“, meint Kleiner Dachs erstaunt. „Den haben meine Eltern mir geschenkt, als ich noch ganz klein war.“

Yakari hat recht: Der Anhänger passt genau in die Lücke und als Stiller Fels mit einem dunklen Stein darüberreibt, erscheint ein Eichenblatt.

„Diese Zeichnung ist ein Symbol für die Eiche der Vorfahren", sagt Stiller Fels feierlich.

Die Jungen kennen diesen Baum. Er liegt weit vom Indianerdorf entfernt auf einer abgelegenen Lichtung.

„Dort hat mein Opa etwas für mich versteckt?", ruft Kleiner Dachs aufgeregt. „Begleitest du mich, Yakari?"

„Aber natürlich", versichert sein Freund.

Stiller Fels warnt die Jungen: „Passt gut auf, der Weg zur Eiche der Vorfahren ist nicht ungefährlich!"

„Wir werden sehr vorsichtig sein", verspricht Kleiner Dachs.

Stiller Fels lächelt. „Anscheinend wirken die Steine schon. Du kommst mir viel besonnener vor als sonst, Kleiner Dachs!"

Tatsächlich ist Yakaris Freund auf dem Weg zu der Eiche viel ruhiger als sonst und überlegt erst, statt einfach drauflos zustürmen.

„Wenn du so weitermachst, bist du wirklich bald ein weiser Jäger", meint Yakari.

Endlich erreichen sie die mächtige, alte Eiche. Dort müssen sie eine ganze Weile suchen, bis Kleiner Dachs auf die Dinge stößt, die sein Großvater hier vergraben hat. Es handelt sich um einen kunstvoll verzierten Bogen mit einigen Pfeilen.

Andächtig betrachtet Kleiner Dachs den Fund.
„Das ist der Bogen deines Großvaters", stellt Yakari fest.
„Dein Opa war einer der größten Jäger unseres Stammes."

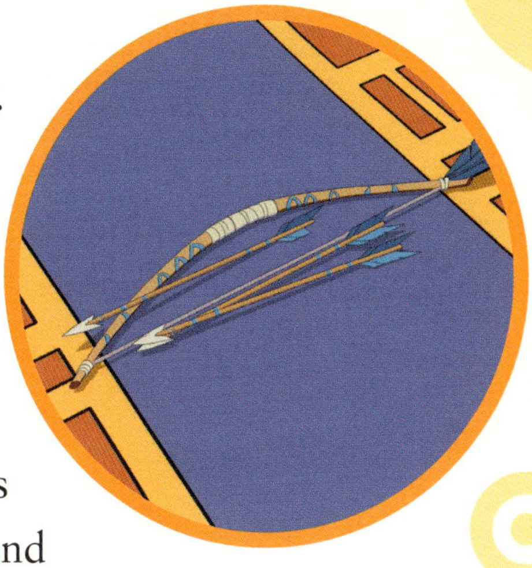

Kleiner Dachs meint: „Ich weiß nicht, ob der Bogen einen großen Jäger aus mir macht. Aber ich werde ihn immer in Ehren halten."
Er strafft seine Schultern und spannt den Bogen. Atemlos sieht Yakari zu, wie Kleiner Dachs auf ein Astloch zielt und einen Pfeil durch die Luft schwirren lässt. Zack! Der Pfeil landet genau in der Mitte.

„Juhu!", jubelt Kleiner Dachs. Dann wendet er sich an Yakari. „Vielen Dank, dass du mit mir gesucht hast", sagt er.
„Das habe ich gern getan", versichert Yakari. Echte Freunde halten eben immer zusammen!

RAUCHZEICHEN

Was für eine Hitze! Seit Wochen ist rund um das Indianerdorf kein Tropfen Regen gefallen. Die Menschen und Tiere leiden sehr unter der Trockenheit und auch die Nahrung wird immer knapper. Viele Vorräte sind schon verdorben. Yakari und seine Mutter Schimmernde Zöpfe bringen gerade Wasser zur Pferdeweide, als Kleiner Donner plötzlich den Kopf hebt.

„Was sind das für seltsame Wolken dort oben am Himmel?“, fragt er. Yakari legt den Kopf in den Nacken. „Das sind Rauchzeichen von einem befreundeten Stamm“, erklärt er.

Seine Mutter liest die Nachricht. „Die Rauchzeichen kommen von dem Stamm, in dem ich geboren wurde“, stellt sie fest. „Es ist ein Hilferuf! Kühner Blick muss sofort den Stammesrat einberufen.“

Kurz darauf beraten die Stammesältesten, was zu tun ist.
„Der Stamm von Kleiner Bison ist in Not“, berichtet Schimmernde Zöpfe. „Die Dürre hat die Maisernte völlig vernichtet und nun sind unseren Freunden auch noch fast alle Tiere davongelaufen.“
Yakari ruft: „Sie haben nichts mehr zu essen, wir müssen ihnen helfen!“
Der-der-alles-weiß zögert. „Haben wir denn genug, um etwas abgeben zu können?“
„Die Trockenheit macht auch uns schwer zu schaffen“, erwidert Yakaris Vater Kühner Blick.
„Doch auch wenn unsere Vorräte knapp sind, sollten wir sie teilen“, meint Schimmernde Zöpfe. Kühner Blick nickt zustimmend.
„Lasst uns Getreide und Trockenfleisch mitnehmen!“, sagt Schimmernde Zöpfe.
„Ich möchte unsere Gaben gerne selbst zu Kleiner Bison bringen.“
„Ich weiß, wie wir dort hinkommen!“, ruft Yakari.
Sein Vater lächelt. „Dann solltest du deine Mutter begleiten“, meint er. „Und bitte gib unterwegs gut auf sie acht.“

Bald brechen Yakari und seine Mutter auf. Das Pferd von Schimmernde Zöpfe zieht einen Wagen mit Vorräten hinter sich her. Viele Stunden lang reiten sie unter der glühenden Sonne dahin.

„Heute haben wir schon ein gutes Stück geschafft", stellt Schimmernde Zöpfe am Abend fest. „Wenn alles gut geht, werden wir morgen meinen Geburtsstamm erreichen."
Auf einer Waldlichtung richten sie ihr Nachtlager ein. Als Yakari nach Feuerholz sucht, begegnet er einem kleinen Streifenhörnchen.
„Habt ihr etwa Getreide dabei?", erkundigt es sich. „Es riecht einfach köstlich nach Samenkörnern!"
Yakari nickt. „Wir bringen einige Vorräte zu einem Stamm, der großen Hunger leidet."
„So wie ich!", ruft das Streifenhörnchen. „Mein Magen knurrt ganz schrecklich." Schon huscht es zu den Vorräten hinüber und knabbert ein Loch in einen Getreidesack.
„He, was soll das?", protestiert Schimmernde Zöpfe. „Pfoten weg von unserem Getreide!"

Bald hat sie das Streifenhörnchen verscheucht, doch aus dem Sack sind einige Körner auf den Boden gerieselt. Während Yakari den Sack wieder zuknotet, sammelt seine Mutter die Körner auf.
„Daraus koche ich uns einen Getreidebrei", beschließt sie.
Kurz darauf lassen sich Yakari und Schimmernde Zöpfe die Mahlzeit schmecken. Doch der Indianerjunge isst nur wenig. Seine Schüssel ist noch halb voll, als er sie zur Seite stellt.

„Es schmeckt sehr gut“, sagt er. „Aber den Rest soll das Streifenhörnchen bekommen.“ Seine Mutter lächelt. „Du bist wirklich ein Freund aller Tiere“, meint sie. „Weißt du was? Dann esse ich auch nicht auf.“ Auch sie stellt ihre Schüssel auf den Boden, damit die Waldtiere nachts daraus fressen können.

Am nächsten Morgen sind beide Schüsseln leer. Zufrieden ziehen Yakari und Schimmernde Zöpfe weiter. Doch bald werden weitere Tiere auf sie aufmerksam. Der Rabe Krick-Krack täuscht sogar eine Verletzung vor, um Yakari von den Vorräten wegzulocken.

Während der Indianerjunge dem Raben folgt, machen sich Krick-Kracks Rabenfreunde über das Getreide her.

Als Yakari merkt, dass Krick-Krack ihn hereingelegt hat, hilft er schnell seiner Mutter, die frechen Raben zu vertreiben.

„Die Reise wird ja turbulenter als erwartet“, sagt Schimmernde Zöpfe. „Ich bin sehr froh, dass du bei mir bist, Yakari!“

Der Indianerjunge sieht sich nach allen Seiten um. „Lass uns rasch weiterreiten!“, meint er. „Hoffentlich locken die Vorräte nicht noch mehr Diebe an.“

Da dringt plötzlich das laute, zornige Gebrüll eines wilden Tieres durch den Wald. Erschrocken zucken Yakari und seine Mutter zusammen.

„War das ein Bär?“, fragt Schimmernde Zöpfe.

„Es klang nach einem Grizzly“, meint Yakari.

Kleiner Donner entdeckt riesengroße Tatzenabdrücke auf dem Boden. Als Yakari die Spuren untersucht, hat er keinen Zweifel mehr. „Die Fährte stammt von einem Grizzly“, erklärt er. „Und er muss sehr groß sein.“

Wieder dröhnt das laute Brüllen durch den Wald, diesmal schon etwas näher als zuvor Yakari seufzt. „Ich glaube, er hat uns gewittert! Aber zum Glück ist er noch weit genug entfernt.“

Schimmernde Zöpfe schaudert. „Sicher hat er das Trockenfleisch gerochen.“

Yakari blickt seine Mutter nachdenklich an. Er hat seinem Vater versprochen, auf Schimmernde Zöpfe aufzupassen. Auf keinen Fall darf sie in Gefahr geraten!

„Vielleicht können wir dem Grizzly ausweichen, indem wir den längeren Weg am Fluss nehmen“, überlegt er.

Seine Mutter zögert. „Aber dann kommen wir viel später an und wir müssen ja den Weg wieder zurück", wendet sie ein.

Der kleine Sioux überlegt. „Wir könnten dem Stamm von Kleiner Bison eine Nachricht schicken, damit uns ein Bote entgegenkommt", schlägt er vor. Gesagt, getan! Am Flussufer zündet Yakari ein Feuer an. Seine Mutter sorgt mit einem großen Tuch dafür, dass der Rauch in kleinen Wolken hochsteigt.

Gespannt sieht Yakari zu, wie die Abfolge der Rauchwolken eine Botschaft bildet. Es dauert nicht lange, bis der Stamm von Kleiner Bison eine Antwort sendet. „Sie haben unsere Botschaft gelesen und schicken uns einen Reiter entgegen", freut sich Schimmernde Zöpfe.

Obwohl die Sonne erbarmungslos vom Himmel brennt, gönnen sich Yakari und seine Mutter keine Pause. Um die Pferde zu schonen, steigen sie ab und gehen vor ihnen her. Doch plötzlich bäumen sich die Pferde auf und weichen zurück. Was haben sie gewittert?

Oje, ein riesengroßer Grizzly kommt auf sie zu! Yakari nimmt seinen ganzen Mut zusammen und tritt ihm entgegen. „Wir wollen dir nichts tun“, versichert er. „Bitte lass uns vorbei!“

Doch der Grizzly hat großen Hunger. „Gebt mir das Fleisch aus euren Säcken!“, fordert er und richtet sich auf die Hinterbeine auf.

Das ist zu viel für das Pferd von Schimmernde Zöpfe. Ängstlich stürmt es davon und verschwindet mit dem Wagen voller Vorräte in einer schmalen Felsschlucht. Der Grizzly zögert nicht lange und nimmt die Verfolgung auf.
„Schnell hinterher!“, ruft Yakari und springt auf Kleiner Donner.

Bald holen sie den Grizzly ein. „Du darfst unsere Vorräte nicht fressen!“, sagt Yakari. „Sie sind für die Sioux bestimmt!“
Der Grizzly kommt drohend näher. „Lass mich in Ruhe, kleiner Mensch!“, brüllt er wütend. „Sonst verspeise ich dich zum Nachtisch!“

In diesem Augenblick kommt ein fremder Reiter angaloppiert. Es ist Kleiner Bison, der ihnen entgegengeritten ist! Er hat das Pferd von Schimmernde Zöpfe eingefangen und zielt jetzt mit Pfeil und Bogen auf den Grizzly.

Kleiner Bison ist ein erfahrener Jäger. Seine Pfeile bleiben ganz dicht neben dem Grizzly im Boden stecken – gerade so, dass sie den Bären nicht verletzen, ihm aber doch Angst einjagen. So schnell er kann, läuft der Grizzly davon.

Yakari und Kleiner Donner atmen auf. Das ist gerade noch mal gut gegangen!

Gemeinsam mit Kleiner Bison kehren sie zu Schimmernde Zöpfe zurück. „Unser Stamm dankt euch sehr für eure Hilfe“, sagt Kleiner Bison. Während er das Pferd mit dem Vorratswagen mitnimmt, schwingt sich Schimmernde Zöpfe auf seinen Mustang.

„Leb wohl, Kleiner Bison!“, rufen Schimmernde Zöpfe und Yakari. Dann machen sie sich wieder auf den Heimweg.

„Vielen Dank, Yakari!“, sagt Schimmernde Zöpfe unterwegs. „Ohne deinen Mut und dein großes Herz hätten wir alle Vorräte verloren!“

Yakari lächelt seine Mutter an. „Ich bin froh, dass wir dem Stamm von Kleiner Bison helfen konnten“, meint er.

Und bald werden sicher auch alle Tiere wieder genug Nahrung finden!

DER STREIT DER STURKÖPFE

„Bitte hilf uns, Yakari!“ Der Biberjunge Lindenbaum ist ganz aufgeregt. „Auf der großen Lichtung am Fluss herrscht fürchterlicher Streit“, berichtet er.

„Ein Wapitihirsch und ein Pekarischwein zanken um die Lichtung und trampeln dabei ständig über unseren Damm.“ Sofort reiten Yakari und Lindenbaum auf Kleiner Donner zu der Lichtung.

Dort stehen sich Wildes Geweih, der Leithirsch der Wapitis, und die Pekari-Anführerin Langzahn zornig gegenüber.

„Ich brauche diese Lichtung für meine Herde“, ruft Wildes Geweih.
Langzahn faucht: „Und wo soll meine Rotte leben? Nichts da, die Lichtung gehört uns Pekaris!“
Schon gehen die beiden aufeinander los. Wildes Geweih jagt Langzahn über den Holzdamm, den die Biber in mühevoller Arbeit gebaut haben. Überall brechen Äste heraus und der Damm wird undicht.

„Unser schöner Damm“, jammert der Biber Tausendmäuler. „Er bietet uns Schutz und bremst den Lauf des Wassers. Doch nun müssen wir ihn schon wieder ausbessern.“
Kaum haben sich die Biber an die Arbeit gemacht, da stürmen schon wieder die beiden Sturköpfe heran. Diesmal jagt das Pekari den Wapiti über den Damm. Das Holz splittert und noch mehr Wasser strömt durch die Löcher.
„So geht das nicht weiter!“, stellt Yakari fest.

Inzwischen stehen sich die Streithähne Kopf an Kopf gegenüber, um herauszufinden, wer stärker ist. Mit aller Kraft versuchen sie, sich gegenseitig zurückzudrängen. Doch die beiden sind genau gleich stark. Obwohl Wildes Geweih viel längere Beine hat, weicht Langzahn keinen Schritt zurück.
„Hört doch auf zu kämpfen!“, ruft Yakari.

Wildes Geweih wendet sich an den Indianerjungen. „Ich höre erst auf, wenn Langzahn verschwunden ist“, knurrt er. „Wie jedes Jahr muss meine Herde demnächst ins Gebirge hinaufwandern. Das ist ein weiter Weg und wir brauchen diese Lichtung, um uns auszuruhen.“
„Das kann ich gut verstehen“, erwidert Yakari. „Wir Sioux ziehen auch mit den Jahreszeiten weiter.“

Jetzt meldet sich Langzahn zu Wort. „Meine Rotte musste wegen der Trockenheit ihr Revier verlassen“, erzählt sie. „Wir haben großen Hunger und Durst. Hier auf der Lichtung finden wir alles, was wir zum Leben brauchen.“
Yakari nickt verständnisvoll. „Auch ihr habt gute Gründe, euch hier aufzuhalten“, meint er. „Aber habt ihr eigentlich schon mal darüber nachgedacht, wem ihr diese wunderbare Lichtung zu verdanken habt?“
Wildes Geweih und Langzahn blicken ihn fragend an.
Yakari deutet auf Tausendmäuler und Lindenbaum. „Die Biber haben diese Lichtung geschaffen“, erklärt er. „Sie haben die abgestorbenen Bäume gefällt und daraus den Damm dort gebaut. Dass hier so saftiges Gras wächst und das Wasser so sanft dahinplätschert, ist allein ihr Verdienst!“

Lindenbaum ruft: „Und seht, was ihr mit eurem Streit angerichtet habt!“ Er zeigt auf den Damm, in dem mehrere große Lücken klaffen.

„Das ist alles die Schuld von diesem Wapiti!“, behauptet Langzahn.

„Von wegen!“, widerspricht Wildes Geweih. „Das Pekari hat mit allem angefangen.“

Wütend gehen die beiden aufeinander los.

„Verschwinde hier!“, röhrt Wildes Geweih.

„Niemals!“, entgegnet Langzahn.

Bevor Yakari sie aufhalten kann, jagen sie erneut über den Biberdamm.

„Oh nein!“, stöhnt Lindenbaum.

„Wenn die beiden so weitermachen, bricht der Damm bald ganz.“

Kleiner Donner hat eine Idee.

„Wie wäre es mit einem Wettrennen zwischen den beiden?“

Yakari ist begeistert. „Was für ein toller Vorschlag!“, meint er.

„Wer als Erster ins Ziel kommt, darf auf der Lichtung bleiben!“

Als er den beiden Widersachern das Wettrennen vorschlägt, sind sie sofort einverstanden.

„Mit meinen langen Beinen werde ich sowieso gewinnen“, sagt Wildes Geweih.

„Das werden wir ja sehen!“, ruft Langzahn. „Du bist zwar schnell, aber ich bin viel wendiger als du.“

Yakari zeichnet die Strecke mit einem Stock in den Sand. „Für das Hindernisrennen braucht ihr Schnelligkeit und Wendigkeit“, erklärt er. „Hier seht ihr die Strecke. Ihr startet auf der Lichtung und müsst über diesen Baumstamm springen. Anschließend kommt ihr durch ein Felsentor und zuletzt überquert ihr die Holzbrücke am Fluss.“

Der Indianerjunge blickt beide Teilnehmer an. „Wer zuerst da ist, darf auf der Lichtung bleiben. Der Verlierer muss woanders hingehen. Seid ihr damit einverstanden?“

Langzahn und Wildes Geweih nicken.

Nach dem Startzeichen stürmen beide los. Kleiner Donner und Yakari folgen ihnen, um das Rennen zu überwachen. Anfangs laufen der Wapiti und das Pekari noch nebeneinander, doch bald übernimmt Wildes Geweih die Führung. Als vor ihm der hoch liegende Baumstamm auftaucht, springt der Wapiti locker darüber.

Langzahn dagegen versucht es erst gar nicht, sondern rennt einfach unter dem Baumstamm hindurch.
Bald erreicht Wildes Geweih das Steintor. Es ist so niedrig, dass der Wapiti anhalten muss. Nur wenn er den Kopf ganz tief trägt, passt er mit seinem mächtigen Geweih hindurch. Währenddessen stürmt Langzahn an ihm vorbei.

Nun setzen beide zum Endspurt an. An der Holzbrücke liegt Langzahn immer noch vorne. Das Pekari rast über die Brücke, dicht gefolgt von Wildes Geweih. In letzter Sekunde nimmt der Wapiti Anlauf und springt einfach über Langzahn hinweg. Die beiden kommen genau gleichzeitig auf der anderen Seite der Brücke an.
„Der Wapiti hat geschummelt!“, ruft Langzahn. „Er ist über die Brücke gesprungen, statt darüber zu laufen!“

Wildes Geweih erwidert: „Du hast doch auch geschummelt, als du einfach unter dem Baumstamm durchgelaufen bist!“
Yakari seufzt. „Das Wettrennen ist unentschieden ausgegangen“, stellt er fest. „Ihr wart beide gleich schnell.“ Schon fangen die beiden wieder an zu kämpfen.

„Diese zwei Dickschädel sind einfach unmöglich“, stöhnt Kleiner Donner. „Stell dir nur mal vor, die Biber würden sich so benehmen!“
Das bringt Yakari auf eine Idee. „Vielleicht ist das die Lösung“, meint er. „Komm, wir bitten die Biber, sich auch mal rücksichtslos zu verhalten!“

Wildes Geweih und Langzahn bekommen einen riesigen Schreck, als kurz darauf ein Baumstamm neben ihnen auf die Lichtung kracht. „Hey, was soll das?“, ruft Langzahn empört.
Doch statt zu antworten, bringen Lindenbaum und Tausendmäuler mit ihren Nagezähnen schon den nächsten morschen Baum zu Fall.

„Was macht ihr nur mit unserer schönen Lichtung?“, beschwert sich Wildes Geweih.
Lindenbaum ruft: „Überlegt euch lieber mal, wie ihr unseren schönen Damm zugerichtet habt!“
„Genau!“, meint Tausendmäuler. „Ihr habt die ganze Zeit nur an euch gedacht!“

Betroffen schauen Wildes Geweih und Langzahn die Biber an. Der Anführer der Wapitis seufzt. „Ihr habt recht“, räumt er ein. „Ich war rücksichtslos und habe euren Damm beschädigt.“

Auch die Anführerin der Pekaris wirkt kleinlaut.
„Ich habe die ganze Zeit nur an mich gedacht“, gesteht sie. „Meine Rotte hat diesen Platz nicht verdient.“
Beide wenden sich zum Gehen.
„Bleibt doch hier!“, ruft Yakari ihnen nach. „Diese Lichtung gehört allen!“
Tausendmäuler nickt. „Wenn ihr sie genauso liebt wie wir, dann kümmert euch zusammen mit uns darum!“
Gemeinsam räumen alle die Lichtung auf und reparieren den Biberdamm. Als das erledigt ist, holen Langzahn und Wildes Geweih ihre Familien nach. Tatsächlich bietet die Lichtung genug Platz für alle und von nun an teilen sich die Tiere diesen wunderbaren Ort.

„Vielen Dank!“, sagt Lindenbaum zu Yakari und Kleiner Donner. „Nun herrscht endlich wieder Frieden auf der Lichtung.“
Darüber sind auch Kleiner Donner und Yakari sehr froh. „Auf Wiedersehen, Freunde!“, ruft Yakari. „Bis bald!“, schallt es von den Bewohnern der Lichtung zurück. Die Biber winken zum Abschied, während der Indianerjunge mit seinem Pony davonreitet – dem nächsten Abenteuer entgegen!

••• FLÜGEL DER NACHT •••

Im Indianerdorf herrscht trübe Stimmung. Alle machen sich große Sorgen, weil der Stamm kaum noch Vorräte hat.

Der Schamane Der-der-alles-weiß ruft die Stammesmitglieder zusammen. „Unsere Nahrung geht unaufhaltsam zur Neige“, sagt er mit ernstem Gesicht. „Rund um unser Dorf gibt es keine Jagdbeute mehr.“

Yakaris Vater, Kühner Blick, richtet sich auf. „Wir müssen woanders nach Bisons suchen!“, ruft er. „Ich wage mich ins Land der wilden Klüfte.“

Der Jäger Stolze Wolke strafft seine Schultern. „Ich begleite dich“, sagt er.

Auch Kühner Rabe steht auf und verkündet: „Ich komme ebenfalls mit.“

„Das Land der wilden Klüfte trägt seinen Namen zu Recht“, gibt Der-der-alles-weiß zu bedenken. „Dort lauern große Gefahren.“

„Wir werden achtgeben“, verspricht Kühner Blick. „Lasst uns morgen früh bei Sonnenaufgang losreiten!“

Nach der Versammlung geht Yakari auf seinen Vater zu. „Kann ich vielleicht mitkommen?“, fragt er.
Doch Kühner Blick schüttelt den Kopf. „Das Land der wilden Klüfte gilt als rau und unberechenbar“, sagt er. „Du bist noch zu jung, um in so ein unbekanntes Gebiet zu reiten. Gedulde dich noch etwas, Yakari! Und nun Gute Nacht.“

Enttäuscht geht der Indianerjunge schlafen. Im Traum erscheint ihm sein Totemtier. Mit mächtigen Flügelschlägen kreist Großer Adler am Himmel. Da sieht Yakari plötzlich, wie sein Vater in die Tiefe stürzt! Im Traum versucht Yakari, ihn aufzufangen, doch Kühner Blick fällt immer tiefer und tiefer.
„Vater?!“, schreit Yakari entsetzt. „Vater! Nein!“
In diesem Augenblick erwacht der Indianerjunge aus dem Traum. Sein Herz rast und er springt auf. Als er aus dem Tipi stürmt, ist es draußen schon hell.

„Wo ist Vater?“, ruft Yakari seiner Mutter zu. „Sind die Jäger bereits losgeritten?“ Schimmernde Zöpfe nickt. „Sie sind mit dem ersten Sonnenstrahl aufgebrochen.“ „Oh nein!“ So schnell er kann, rennt Yakari zur Pferdekoppel. „Ich muss meinem Vater ins Land der wilden Klüfte folgen“, sagt er zu Kleiner Donner. „Hilfst du mir dabei?“

„Natürlich“, antwortet sein Pony.
Sobald Yakari auf seinem Rücken sitzt, galoppiert Kleiner Donner los.

Als der Indianerjunge unterwegs von seinem Albtraum erzählt, hört Kleiner Donner aufmerksam zu.
„Und nun glaubst du, dass der Traum wahr wird?“, erkundigt sich das Pony.
„Ich fürchte, ja“, erwidert Yakari. „Ich spüre genau, dass mein Vater in großer Gefahr ist!“

Unermüdlich trägt Kleiner Donner seinen Freund durch die Prärie. Endlich erreichen sie ein zerklüftetes Gebirge. Steile Felswände ragen vor ihnen auf und in tiefen Schluchten wabert der Nebel.

Yakari schaudert. Das muss das Land der wilden Klüfte sein!
Während die Freunde nach Hufspuren suchen, fällt plötzlich ein riesiger Schatten auf sie. Großer Adler fliegt vor ihnen her und weist ihnen den Weg!
Bald entdeckt Yakari die Spuren von drei Pferden. „Danke, Großer Adler!“, ruft er zu seinem Totem hinauf. „Diesen Spuren können wir gut folgen.“
Die Hufabdrücke führen über schroffe Gipfel und durch enge Täler. Kleiner Donner balanciert über schmale Felsvorsprünge und bröckelnde Steinbrücken.

Der Weg ist voller Gefahren, doch der Indianerjunge und sein vierbeiniger Freund geben nicht auf. Sie müssen unbedingt Yakaris Vater finden!
Auf einmal beben die Felsen und der Boden gibt nach. Mächtige Felsbrocken prasseln in die Tiefe. Kleiner Donner bleibt erschrocken stehen, doch zum Glück ist das Erdbeben gleich wieder vorbei.

„Puh!“, stöhnt Yakari. „Mein Vater hatte recht. Im Land der wilden Klüfte ist die Erde wirklich unberechenbar.“
Bald erreichen die Freunde eine Anhöhe, auf der sich die Hufspuren in drei verschiedene Fährten teilen.
„Ab hier sind die Jäger zum Auskundschaften in unterschiedliche Richtungen geritten“, stellt Yakari fest. „Wenn wir doch nur wüssten, welche Spur vom Pferd meines Vaters stammt!“

Während sie noch überlegen, hören Yakari und Kleiner Donner immer wieder ein leises Piepsen.
Nanu, woher kommt das Geräusch? Ist hier etwa ein Tier in Not? Yakari springt vom Pferd und sucht die Felswand ab, von der die merkwürdigen Geräusche kommen. Als er ein paar Steine zur Seite schiebt, flattert eine kleine Fledermaus heraus.

„Vielen Dank, dass du mich befreit hast", sagt sie sichtlich erleichtert. „Mein Name ist Flügel der Nacht."
„Ich heiße Yakari und das hier ist mein Pony Kleiner Donner", erklärt der Indianerjunge. „Wie bist du in den Felsspalt hineingeraten?"
Flügel der Nacht berichtet: „Normalerweise ruhen wir Fledermäuse tagsüber. Dabei hängen wir mit dem Kopf nach unten in einer Felsnische oder an der Decke einer Höhle. Als vorhin die Erde gebebt hat, bin ich heruntergefallen und plötzlich war ich hinter den Felsen gefangen." Die Fledermaus flattert suchend herum. „Meine Familie konnte fliehen, nur ich nicht", erzählt sie. „Ich muss sie unbedingt wiederfinden."
Yakari seufzt. „Ich suche auch jemanden, nämlich meinen Vater", entgegnet er.
Flügel der Nacht ruft: „Vielleicht kann ich dir dabei helfen! Hier waren vorhin einige Reiter."

„Weißt du vielleicht, in welche Richtung mein Vater geritten ist?“, fragt Yakari aufgeregt. „Er hat ein wunderschönes weißes Pferd.“
„Ja, ich habe gesehen, welchen Weg er genommen hat“, sagt die Fledermaus. „Weißt du was?“ Sie lässt sich auf Kleiner Donner nieder. „Vorhin hast du mir geholfen und nun werde ich dir helfen, deinen Vater wiederzufinden.“

Zu dritt folgen die Freunde der Spur von Stolzer Huf, dem Mustang von Yakaris Vater. Der Weg führt an schwindelerregenden Abgründen und hoch aufragenden Felswänden vorbei. Immer wieder prasseln Steine auf die Freunde herab. Doch schließlich wird ihre Ausdauer belohnt: Vor einer tiefen Felsspalte entdecken sie den Schimmel! Aber wo ist Kühner Blick?
Tief in der Felsspalte entdeckt Yakari den Bogen seines Vaters. Dahinter liegt eine schmale Öffnung.

Flügel der Nacht zwängt sich hindurch und sieht sich zwischen den Felsen um. „Hinter den Steinen liegt eine riesige Höhle“, berichtet sie, als sie wieder zurückkehrt. „Und ganz in der Ferne habe ich auch Geräusche gehört.“
Yakaris Herz klopft bis zum Hals. So laut er kann, ruft er in die Höhle hinein. „Vater! Bist du hier, Vater?“ Doch niemand antwortet. „Ich prüfe, ob noch ein anderer Weg in die Höhle führt“, bietet Flügel der Nacht an und flattert davon.

Yakari ist sehr froh, als noch einmal Großer Adler am Himmel erscheint. „Gib nicht auf, Yakari!“, spricht sein gefiederter Beschützer. „Folge dem Weg der Steinschnecken, sie werden dir die Richtung weisen!“
„Was sind denn nur Steinschnecken?“ Während Yakari noch darüber nachdenkt, taucht Flügel der Nacht wieder auf.

„Dort drüben gibt es mehrere Öffnungen zwischen den Felsen“, berichtet sie. „Aber ich weiß nicht, welcher Gang zu deinem Vater führt.“ Yakari folgt ihr zu den Felsspalten. Vor einem der Eingänge entdeckt er eine versteinerte Schnecke. „Hier ist eine Steinschnecke“, ruft er. „Das muss der richtige Eingang sein!“

Kleiner Donner und Stolzer Huf warten draußen, während sich Yakari und Flügel der Nacht ins Dunkel der Höhle wagen.

Auch in der Höhle findet Yakari immer wieder steinerne Schnecken, die ihm zeigen, welcher Weg der richtige ist. Doch je tiefer sie in die Höhle vordringen, desto dunkler wird es.

„Ich kann fast nichts mehr sehen“, jammert Yakari.
„Keine Sorge!“, meint Flügel der Nacht. „Ich kann mich mit meinem Gehör orientieren. Lass dich einfach von mir lenken, Yakari!“
Die Fledermaus ruft dem Indianerjungen zu, wo er hingehen soll.
Schließlich erreichen sie eine Stelle, an der sich mehrere Gänge gabeln. „Bitte warte hier!“, sagt Flügel der Nacht. „Ich muss erst prüfen, welchen Weg wir am besten nehmen.“ Schon fliegt sie davon.

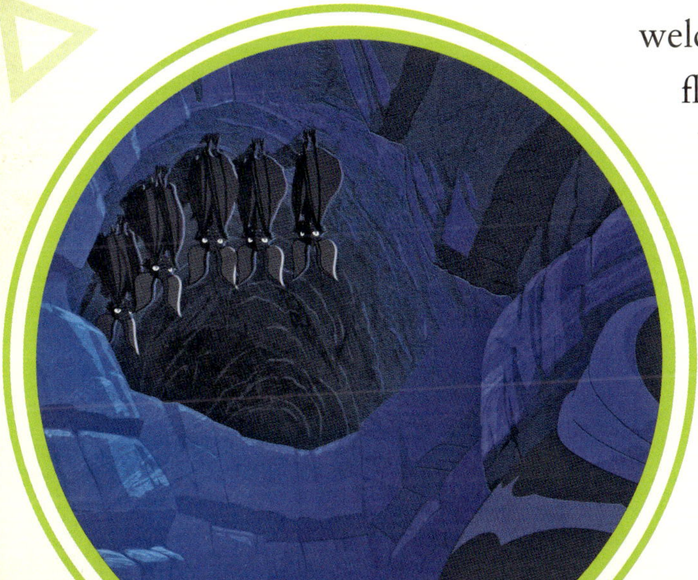

Während Yakari auf die Fledermaus wartet, hört er ein feines Piepsen. Nanu, aus dem Dunklen leuchten ihm einige Augenpaare entgegen. Sie gehören der Familie der kleinen Fledermaus!

Als Flügel der Nacht zurückkommt, hat sie gute Nachrichten. „Ich habe deinen Vater gefunden“, erzählt sie. „Er lebt!“

Yakari atmet erleichtert auf. „Und schau mal, ich habe auch eine Überraschung für dich." Als er der Fledermaus ihre Familie zeigt, ist sie überglücklich.
„Ich komme gleich wieder zu euch zurück", verspricht Flügel der Nacht ihren Verwandten. Nun führt sie den Indianerjungen weiter durch die Höhle, bis es allmählich wieder heller wird.
„Dort hinten liegt ein anderer Ausgang", erklärt Flügel der Nacht. „Wenn du von hier aus immer geradeaus gehst, kommst du zu deinem Vater."
„Danke für deine Hilfe", sagt Yakari. „Ich habe noch eine Bitte. Kannst du unseren Pferden den Weg zu diesem Ausgang zeigen?"
„Na klar, das mache ich gerne!" Fröhlich saust die Fledermaus los.

Yakari muss nicht mehr lange nach seinem Vater suchen. Tief in der Höhle sitzt Kühner Blick auf dem Boden und kann nicht aufstehen, weil sein Bein zwischen den Felsen eingeklemmt ist. Als Yakari auftaucht, traut er seinen Augen kaum.
„Yakari!", ruft Kühner Blick. „Was machst du denn hier?"
Der Indianerjunge berichtet von seinem Traum und von dem abenteuerlichen Weg hierhin.

„Gut, dass du da bist!“, meint Kühner Blick. „Als die Erde zitterte, hat sich mein Mustang vor Schreck aufgebäumt. Dabei bin ich hier hineingestürzt.“

Mit einem steinernen Stab stemmt Yakari den Felsen hoch, der den Fuß seines Vaters festhält.

„Vielen Dank, mein Sohn!“, sagt Kühner Blick. Zum Glück ist er nur leicht verletzt und kann mit Yakaris Hilfe zum Höhlenausgang humpeln.

Dort warten schon Kleiner Donner und Stolzer Huf, die von der Fledermaus hierhin geführt wurden.

Noch einmal wendet sich Kühner Blick an Yakari. „Du hast nicht auf mich gehört, aber du hast deinem Gefühl vertraut“, sagt er ernst. „Ich bin stolz auf dich!“

Auch Kleiner Donner hat etwas Spannendes zu sagen. „Auf dem Weg zu dieser Höhlenöffnung haben wir Bisons gesehen“, erzählt er. Yakaris Pony führt die Reiter zu der großen Bisonherde.

„Was für ein Glück!“, seufzt Kühner Blick. „Nun ist unser Stamm gerettet.“

Yakari blickt zum Himmel hinauf. Im Stillen dankt er Großer Adler und Flügel der Nacht. Wer weiß, wie dieses Abenteuer ohne seine Freunde ausgegangen wäre?!

TOTEM YAKARI

Yakari und Kleiner Donner ziehen los, um für Schimmernde Zöpfe Arnikablüten zu pflücken. Suchend streifen sie durch den Wald.
Da hören sie plötzlich laute Hilferufe. Oje, ein Luchs verfolgt das Katzenfrett Großauge!

„Hilfe!“ Mit einem großen Sprung rettet sich Großauge in Yakaris Arme. Doch der Luchs gibt nicht auf. Knurrend kommt er näher.
Als Kleiner Donner sich aufbäumt, kann Yakari sich nicht auf seinem Rücken halten. Geschickt rollt der Indianerjunge über den Boden und hält dabei schützend das Katzenfrett in seinen Armen.

Unterdessen vertreibt Kleiner Donner den Luchs.
„Danke!“, sagt Yakari zu seinem Pony. „Das hast du gut gemacht.“ Er setzt Großauge auf dem Boden ab.
„Ich danke dir, Yakari“, meint Großauge. Da entdeckt er eine kleine Adlerfigur auf dem Boden. „Gehört dir dieser Adler?“, fragt Großauge.
„Natürlich, das ist mein Totem!“ Dankbar nimmt Yakari die Figur entgegen.
„Ich muss es gerade verloren haben. Wie gut, dass du es gefunden hast!“
Der Indianerjunge steckt die Figur ein und schwingt sich auf Kleiner Donner.
„Ich komme mit euch“, ruft Großauge und springt ebenfalls auf das Pony.

Unterwegs fragt das Katzenfrett: „Was ist eigentlich ein Totem?“
Yakari erklärt: „Mein Totem gibt mir Rat und beschützt mich mein ganzes Leben lang. Es heißt Großer Adler.“
„Oh, so ein Totem hätte ich auch gerne!“, sagt Großauge.
Doch Kleiner Donner entgegnet: „Wir Tiere brauchen keine Schutztotems. Wir wissen von Natur aus, wie wir uns bei Gefahr verhalten müssen.“

„Da hast du auch wieder recht“, stimmt Großauge zu. „Und deshalb ziehe ich jetzt alleine weiter.“ Schon springt er vom Pferderücken.
„Mach’s gut, Großauge!“, ruft Yakari.

Bald erreichen der Indianerjunge und sein Pony eine große Lichtung. Hier wachsen viele verschiedene Blumen. Doch sosehr sie auch suchen, sie finden keine einzige gelbe Arnikablüte.

Auf einmal stürzt Großauge auf die Lichtung. „Hilfe!“, kreischt er laut.
Dicht hinter ihm folgt der Luchs. Seine spitzen Zähne funkeln im Sonnenlicht.
„Gleich hab ich dich!“, faucht er.
Blitzschnell springt Großauge auf Yakaris Schulter.
Der Indianerjunge tritt dem Luchs mutig entgegen. „Bitte lass Großauge in Ruhe!“, sagt er bestimmt.
Aber davon will der Luchs nichts hören. „Ich bin völlig ausgehungert“, knurrt er und kommt drohend näher.
Da baut sich Kleiner Donner vor ihm auf. Er lässt seine Hufe durch die Luft wirbeln, bis der Luchs davonläuft.

Großauge ruft: „Yakari, jetzt hast du mich schon zum zweiten Mal gerettet! Weißt du was? Du bist mein Totem!“
Yakari schüttelt den Kopf. „Ich bin nicht dein Totem“, versichert er. „Aber wenn du möchtest, kannst du uns bei der Suche nach Arnika helfen.“
Zu dritt ziehen sie weiter.

Unterwegs treffen sie auf das Stachelschwein Piksnadel. Von ihm erfahren sie, dass es am Fuß der Berge eine große Blumenwiese gibt.
Dort angekommen treffen die Freunde auf eine Wapitiherde. Yakari springt vom Pferd und geht auf einen der Wapitis zu.

„Ich grüße dich“, sagt er. „Wir suchen eine Blume, die so gelb blüht wie die Sonne. Weißt du, wo diese Blume wächst?“
Der Wapiti nickt. „Aber man darf diese Blume nicht essen. Sie macht sehr krank.“
Yakari entgegnet: „Wir möchten die Blume nicht essen. Wir Sioux stellen daraus eine Salbe gegen Schmerzen her.“
„Dann ist es ja gut“, meint der Wapiti. „Die gelben Blumen wachsen ganz hoch oben in den Bergen bei der Adlerspitze.“
Yakari bedankt sich. Gemeinsam mit Kleiner Donner und Großauge macht er sich auf den Weg in die Berge.
„Sieh nur, Yakari!“ Großauge deutet auf einen mächtigen Adler, der über dem Gipfel kreist. „Ist das dein Totem Großer Adler?“
„Nein, das ist ein Bergadler, den ich nicht kenne“, erwidert der Indianerjunge.

In diesem Augenblick setzt der Adler zum Sturzflug an und schießt genau auf Großauge zu. Blitzschnell wirft Yakari sich auf seinen kleinen Freund und beschützt ihn. Mit einem zornigen Schrei zieht der Adler davon.
Atemlos rappelt sich der Indianerjunge wieder auf.
Großauge ruft: „Du hast mich schon wieder gerettet, Yakari! Ich wusste doch, dass du mein Totem bist!"
Yakari seufzt. „Wie oft soll ich dir noch sagen, dass ich nicht dein Totem bin?", meint er. „Ich bin einfach nur dein Freund, Großauge!"
Plötzlich kommt Regen auf. Zum Glück ist eine Höhle in der Nähe, in der sie Schutz suchen können. Da es ohnehin schon spät geworden ist, schlagen die drei dort ihr Nachtlager auf.

Am nächsten Tag erreichen die Freunde endlich die Adlerspitze. Der Wapiti hat nicht zu viel versprochen. Hier blüht ein ganzes Meer goldgelber Blumen!

„Juhu, wir haben die Arnikablüten gefunden!", freut sich Yakari. Flink pflückt er einen kleinen Strauß. „Das wird meiner Mutter sicher reichen", meint er und schnuppert an den Blüten. Da muss er plötzlich niesen.
Gleichzeitig werden auch Großauge und Kleiner Donner von Niesanfällen geplagt.
„Na, so was!", wundert sich Yakari. „Arnika hat über ihre Heilkräfte hinaus noch eine andere Wirkung: Man muss niesen!"

Fröhlich machen sich die Freunde auf den Heimweg.
„Ich freue mich schon so darauf, in deinem Tipi zu schlafen", verkündet Großauge.

„Wie bitte?“ Yakari zuckt zusammen.
Kleiner Donner sagt: „Großauge, deine Heimat ist doch der Wald und nicht ein Dorf mit lauter Menschen!“
„Kleiner Donner hat recht“, pflichtet Yakari dem Pony bei.
Großauge klammert sich ängstlich an Yakaris Bein. „Ja, aber du hast mich doch so oft beschützt, Yakari!“, jammert er.
Kleiner Donner meint: „Komm lieber mal auf meinen Rücken! Solange du an seinem Bein hängst, kann Yakari ja kaum laufen.“

Gesagt, getan! Mit dem Katzenfrett in der Mähne balanciert Kleiner Donner über eine Felsbrücke.

Da geben unter ihnen plötzlich die Steine nach und die Brücke stürzt ein! Mit ein paar großen Sprüngen retten sich Yakari und Kleiner Donner auf die andere Seite. Großauge, der sich auf Kleiner Donner gut festgehalten hat, atmet auf. „Das war knapp!“, stöhnt er.

Schaudernd blicken die Freunde in die Schlucht hinunter, die sie gerade überquert haben. „Seht nur, dort liegen die Arnikablumen!“ Großauge deutet auf den Strauß, der tief unten zwischen den Steinen liegt. „Oh nein!“ Yakari merkt erst jetzt, dass er die Blumen losgelassen hat. „Die Schlucht ist so tief, dass ich unmöglich hinunterklettern kann“, überlegt er. „Was soll ich nur tun?“ „Ich hole die Blumen für dich“, ruft Großauge. „Vor so einer Felswand hat ein Katzenfrett doch keine Angst!“

Noch ehe Yakari etwas erwidern kann, saust Großauge los. Geschickt huscht er in die Schlucht hinunter und klemmt sich die Blumen zwischen die Zähne.

Doch als er wieder hochklettern möchte, taucht auf einmal der Luchs zwischen den Felsen auf.
„Ich habe solchen Hunger“, knurrt er. „Diesmal entkommst du mir nicht!“

Ohne lange nachzudenken, streckt Großauge ihm den Blumenstrauß entgegen.
Da muss der Luchs schrecklich niesen. Seine Augen tränen und er ringt nach Luft, während er immer und immer wieder niest.
Als Großauge merkt, wie sehr die Arnikablüten dem Luchs zusetzen, wird er mutiger. Er hält dem Luchs die Blumen unter die Nase, bis das Raubtier niesend davonschleicht.
Stolz klettert Großauge zu Yakari und Kleiner Donner hinauf.
„Vielen Dank“, sagt Yakari und nimmt die Blumen entgegen.
„Das habe ich gern getan“, versichert Großauge. „Und ich habe gerade beschlossen, dass ich doch lieber im Wald leben möchte. Wer einen Luchs vertreiben kann, der muss sich auch vor anderen Gefahren nicht fürchten. Stimmt's?“
„Da hast du recht“, lacht Yakari.

Als sie kurz darauf durch den Wald kommen, verabschiedet sich Großauge. „Ich bin so froh, dass ich meinen Mut auch ohne Totem wiedergefunden habe“, ruft er. „Macht's gut, liebe Freunde!“
„Leb wohl!“, erwidern Yakari und Kleiner Donner. „Jetzt aber rasch zurück ins Dorf“, sagt der Indianerjunge zu seinem Pony.
Das lässt sich Kleiner Donner nicht zweimal sagen. Pfeilschnell fliegt er über die Prärie. Genau wie Yakari kann er es kaum erwarten, nach Hause zu kommen!

Yakari:
Meine Kindergartenfreunde
GTIN 4260324690394

Yakari:
Meine Freunde
GTIN 4260324690233

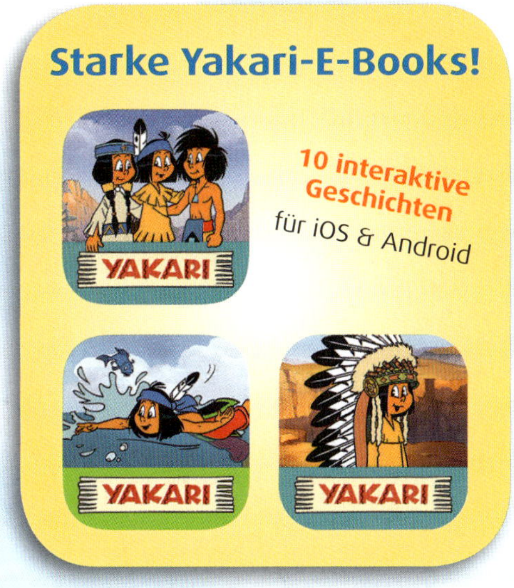

Yakari:
Mein superdickes Malbuch
ISBN 978-3-86318-456-8

Yakari:
Mein schönster Malblock
ISBN 978-3-86318-504-6

Yakari:
Ausflug mit Kleiner Donner
ISBN 978-3-86318-469-8

UNTER
WWW.FRIENDZ-VERLAG.DE
FINDET IHR WEITERE SPANNENDE BÜCHER MIT YAKARI UND SEINEN FREUNDEN!